작은 용기가 필요한 _____에게
응원을 담아 드립니다.

행복으로 가고 있어

우울에 허덕이는 나를 구해준 멋진 존재들

샬럿 리드 지음 박다솜 옮김

RHK
알에이치코리아

MY PATH TO HAPPY:

Struggles with my mental health and all the wonderful things
that happened after by Charlotte Reed

Text Copyright © Charlotte Reed 2019

This Korean edition was published by RH Korea Co., Ltd in 2020 by
arrangement with Simon & Schuster UK Ltd, 1stFloor, 222Gray's Inn Road,
London, WC1X 8HB through KCC(Korea Copyright Center Inc.), Seoul.

이 책은 ㈜한국저작권센터(KCC)를 통한 저작권사와의 독점계약으로
알에이치코리아에서 출간되었습니다. 저작권법에 의해 한국 내에서
보호를 받는 저작물이므로 무단전재와 복제를 금합니다.

세계 최고의
등대가 되어 준 두 사람,
케이트 언니와
리처드 오빠에게.

안녕, 내 이름은 샬럿 리드야.
이야기를 하나 들려줄까 해.

내게 일어난 어떤 일에 관한 건데,
조금 슬플 수 있어. 하지만 다행히도
결말은 무척 행복할 테니까, 들어 봐.

이 이야기를 들려주고 싶은 이유는,

혹시 너에게 도움이 될까 싶어서야.

누구나 살면서 힘든 시기를 겪잖아?

이를 헤쳐나가기 위해선 약간의 응원이 필요해.

내 이야기가 너에게 희망이 되었으면 좋겠어.

내 경우처럼, 네가 겪고 있는 시련 역시

해피엔딩이 될지 모르니까 말이야...

그럼 이제 이야기를 시작해 볼까!!

아주 예전의 일이야. 그때 나는 무척 우울했어.
원래도 썩 즐겁게 살고 있진 않았는데,
어느 날 갑자기 기분이 곤두박질친 거야.
그때 나는 런던에 사는 30살 회사원이었어.

오, 주여! 살 의지가
바닥났어요.

불행하게도 내 우울증은 2년이 넘도록 없어지지 않았어.
처음엔 공황발작과 불안, 무시무시하게 저조한
기분과 매일 맞서 싸웠지.
불안을 안고 사는 건, 도끼를 든 살인마에게
　쫓기는 일과 비슷한 기분이야!

기분이 어땠냐고 묻는다면 …
'속이 뒤틀리는 슬픔'이라고밖에 설명 못 하겠어.
너무나 아끼고 사랑하던 사람이 방금 죽었을 때
느낄 법한 강렬한 비탄과 고통이었지.

갑자기 온 세상이 낯설게 느껴졌어.
내게 어떤 일이 일어나고 있는지 <u>도통</u> 이해할 수 없었지.

내 우울증에는 신체적 증상도 함께였어.

매일 심각한 두통이 찾아왔는데, 정말 기묘한 느낌이었지.

머릿속에서 급류가 휘몰아치는 것 같았어.

눈에도 문제가 생겼어. 내 눈으로 보는 것들이 진짜라고

느껴지지 않았거든. 꼭 자각몽을 꾸는 것처럼 말이야.

현실과는 단절된 채, 두꺼운 유리판 너머에서 삶을

관찰하는 기분이었어. 모든 사람과 사물이 3차원이 아닌

2차원으로 보였지.

오, 마치 사진을
보고 있는 기분이야!

나는 형체 없는 유령처럼 몸속이 완전히 텅 빈 상태로
공중에 떠다니는 기분이었어.
이 감각이 얼마나 강렬했냐면,
나는 내가 정말로 유령이 아닐까 의심하기 시작했지!

우우!

이럴 수가…
혹시 내가 죽은 걸
내가 모르고 있는 건
아니겠지?

그렇게 2주를 버티고 나서, 나는 의사를 만나러 갔어.
지금 어떤 증상을 겪고 있는지 전부 털어놓았지.
그랬더니 곧바로 우울증과 불안 증세라고 진단하면서
항우울제를 권하더라.
하지만 내가 현실에 존재하지 않는 유령이 된 기분 같다는
말에는 의사도 잘 모르겠다는 표정을 지었어.

의사 선생님,
전혀 현실이
현실처럼
느껴지지가
않아요!

음…
정말
희한
한데요.

솔직히 약을 먹긴 싫었어.
의사 선생님은 상담을 받아보지 않겠냐고 권하더라고.
하지만 불행히도 내게 상담은 효과가 없었어.
상담사는 내게 자꾸 어떤 기분인지 털어놓으라고 했는데,
내게 필요한 건 내가 미치지 않았다는,
안심할 만한 말 한마디였거든.

상담사
선생님
→

자, 기분이
어떤지
말해 보세요.

음, 뼛속까지 아프도록
슬프고요, 누가 목을
조르는 것처럼 심하게
불안하고요, 온몸이 텅
비어서 공중에
떠 있는 기분이에요!

몇 차례 더 상담을 받아봤지만, 전혀 도움이 되지
않았어. 그때 나는 깨달았던 것 같아.
문제를 해결하려면, 기묘한 일들이 일어나고 있는
내 마음속 깊숙한 곳까지 들어가야 한다고 말이야.

아, 그래!
정신과 의사를
찾아가야
겠어.

다행히 정신과 의사는 전에 만난 의사가 설명해
주지 못한 내 몸의 증상들을 전부 말해주더라고!

우울증과 불안뿐 아니라 이인증을 앓고 계시네요.
트라우마, 스트레스, 유희적 약물 사용에 의해
유발될 수 있는 변성의식 상태로 실제 현실을
사는 게 아니라 꿈 꾸고 있다는 느낌을 받을 수
있어요. 대단히 불편한 경험이겠지만,
시간이 지나면 차츰 나아질 겁니다.
환자분께는 최소한 우울증이라도 관리할 수
있게 항우울제를 권해드리고 싶네요.

나는 정신과 의사에게 생각할 시간이 필요하다고 말했어.
집으로 돌아오는 길에 난 세상에 홀로 남은 기분이 들었어.
내가 겪고 있는 비현실적 감각에 이름이 있다는 건
다행이었지만, 빠르고 쉬운 '궁극의 치료법' 따위는
없는 것 같았거든.
불안과 우울증에는 치료법이 있었고, 약을 먹으면 괜찮아
지기도 해. 하지만 마음속 깊숙이 그건 내게 맞는 선택이
아니라는 느낌이 들었지.

음…
내 몸에 화학 약품을
넣는 게 좋을지
확신이 안 서는데….

시간이 지나면 우울증과 불안이 저절로 사라지지 않을까
지켜보는 게 최선이라 생각하며 기다려 보기로 했어.
하지만 불행히도 상황은 점점 나빠지더라고.

아주 간단한 일도 할 수 없을 것만 같은 거야.
샤워하는 것조차 어마어마한 일처럼 느껴져서
결국 잘 씻지도 않는 지경에 이르렀지!

차츰 나는 제 기능을 못하는 사람이 되고 있었어.
모든 일이 거대하고 불가능한 과업처럼 느껴졌어.
침대에 누워 고삐 풀린 생각들에 빠져
몇 시간씩 보내다가, 이따금 과호흡이 왔고,
눈물이 뺨을 타고 흘러내려 베개를 적셨어.
내 뇌는 제대로 작동하지 않았고,
모든 게 고장 난 것처럼 느껴지더라.
더는 아무것도 이해할 수 없었어.
나중엔 정말 이런 생각까지 들었어!
'이렇게 나는 미쳐 가는구나. 현실 감각이 사라지고 있어.'
　　인생에서 이렇게 무섭고 낯선 경험은 처음이었어.

머릿속에서 온갖 생각이 제멋대로 날뛰는 바람에
나는 완전 자포자기 상태가 됐어. 내가 할 수 있는
선택은 스스로 목숨을 끊는 것뿐이라고 믿을 정도로
심각했지. 죽고 싶은 건 아니었는데, 이 상태로 살아
가는 게 막막하게 느껴졌다고나 할까?
그래서 나는 그런 상황에서 누구라도 할 것 같은 행동을 했어.

23

내가 전화를 건 사람은 우리 오빠 리처드였어.
오빠는 나와 같은 런던에 살고 있었는데,
나더러 당장 짐을 싸서 자기 집으로 들어오라고 하더라고!

샬럿, 걱정하지 마.

우리 집에 방이 하나 남잖아?
기분이 나아질 때까지 여기서
같이 지내자. 내가 돌봐줄게.

고마워, 오빠.
흑흑

한동안 출근조차 힘들었어.
오빠가 내준 방에 누워 천장만 바라보며,
나 자신에게 이상한 질문들을 던지면서 시간을 보냈지.

－나는 누굴까?
－나는 뭘까?
－인간이라는 존재에겐
  어떤 의미가 있는 거지?

오빠는 회사어 출근해 집을 비운 시간엔
수시로 전화를 걸어 내 상태를 확인했고,
저녁에는 내 곁을 지키며 함께 시간을 보내줬어.

억지로 나 자신을 <u>부추겨</u> 단순하고 평범한 일들을 시도해
본 적도 있긴 해. 하지만 밖에 나가 우유를 사 온다는
생각만으로도 온몸이 굳어버리더라고.

자, 이제 우유를 사러
가야 해. 이게 뭔 뜻이냐면,
동전을 준비하고, 신발을 찾고,
가게까지 걸어가서,
가게 주인에게 말을 걸어야
한다는 거지.
후! 완전 무리야!

내게는 극도로 무섭고 두려운 시간이었어. 그런 날 지켜준 오빠에게 고맙단 말을 수없이 반복해도 모자랄 거야.

부모님에겐 그때 내게 일어난 일에 관해 말하지 않았어. 걱정 끼치기 싫었거든. 하지만 친한 친구인 케이트 언니에게는 이 비밀을 털어놨는데, 그때부터 언니는 내 생명줄이 되어 줬어. 케이트 언니는 내가 회복하는 길을 한 걸음도 빠지지 않고 같이 걸어 준 사람이야. 내 영혼의 어두운 밤을 함께 했지.

언니는 수백 킬로미터나 떨어진 잉글랜드 북서부 호수지방의 농장에 살고 있었지만, 내가 필요로 할 때면 ♡예외 없이♡ 전화를 받아 주었어. 시도 때도 없이 걸었는데도 말이야!

하루에도 서너 번씩 언니에게 전화를 걸었어.
불안감에 휩싸일 때면 숨 쉬는 일조차 너무 어려웠거든.
언니는 아이 셋을 키우고 있었지만, 저얼대 단 한번도 내게
바쁜 티를 내지 않았어!

심한 공황발작이 시작될 땐 케이트 언니의 조언을 떠올리는 게
큰 도움이 됐어. 언니는 내게 나무로, 숲으로 가라고 했어.
동네 구석 작은 공원에라도 가라고 말이야. 발 밑의 흙을 느껴 보고
잔디 위에 누워 보라고, 바람결에 흔들리는 나무에 정신을
집중하라고, 과호흡이 오면 나무에 기대라고도 했어.
내가 안정감을 되찾도록, 내 정신을 다시 몸으로 불러들이도록,
자연의 치유력이 서서히 내 불안을 잠재우도록 하려는 거였지.
내 마음은 걷잡을 수 없이 미쳐 날뛰고 있었지만,
자연을 느끼는 동안만큼은 조금이나마 안전하다는 기분이 들더라고.

오빠와 언니가 내게 보내준 사랑과 지지가 없었다면
나는 그 시기를 절대 견뎌내지 못했을 거야.
오빠와 언니가 있다는 사실을 아는 것만으로 난 덜 외로웠어.
감정의 폭풍우 속에서 헤매던 나에게 오빠와 언니는 등대가 되어 주었어.

삶은 예전과 같이 흘러갔어.

나는 직장에 복귀했지만, 아직은 병과 힘들게 싸우는 중이었기에

오빠네 집에 머물고 있었어.

그러던 어느 저녁, 천장을 물끄러미 바라보다가 한 가지 생각이

머릿속을 번뜩 스쳐가지 뭐야.

케이트 언니도 내 생각에 동의했어.

한 번쯤
해 볼 만한
대처요법이
많이 있어.
침술, 영양 요법
같은 것 말이야.

좋아!
둘 다
마음에
들어!

그렇게 회복으로 향하는 길이 눈앞에 펼쳐진 거야!
그리고 내 곁에는 늘 함께해 주는
케이트 언니가 있었지.

내가 처음으로 한 일은 케이트 언니의 친구인 웬디와
약속을 잡는 거였어. 웬디는 런던에 사는 침술 치료사였는데,
그의 클리닉에 가자마자 눈물이 터지고 말았어.
나는 강렬한 슬픔, 공황발작, 불안, 이인증까지 모두 털어놓았고
웬디는 잠자코 듣고 있다가 이야기가 끝난 뒤 침착하게 말했어.

그 순간 안도의 물결이 나를 감싸는 것 같았어. <u>드디어</u>
해법을 찾은 걸지도 모르겠단 생각에 너무 기쁘더라고!
웬디가 나에게 말했지.

일주일에 한 번 치료받으러
클리닉에 오세요. 근본적인
문제부터 해결해 봐<u>요</u>.
샬럿, 지금 겪고 있는 고통이
얼마나 끔찍하게 느껴질지
알아요. 하지만 지금의
경험을 언젠가는 남을 돕는 데
쓰게 될 거라고 믿어요.

그때는 내 상태가 너무 좋지 않아서
웬디가 하는 말을 믿기 어려웠어.
하지만 불현듯 내 마음속의 작은 조각 하나가
희망으로 반짝이기 시작했지.
지금 느끼고 있는 이 고통도 언젠간 분명
쓸모가 있을 거라는 생각이
내게 새로운 힘을 불어넣어 준 거야.

몇 달 동안은 일주일에 한 번씩 침술 치료를 받으러 갔어.
웬디의 치료는 그야말로 최고의 치유 효과를 보여 줬지.
침을 꽂고 웬디와 대화를 나누면서 나는 내게 어떤 일이
일어나고 있는지 차츰 이해하기 시작했어.
나를 둘러싸고 있던 불안감은 점차 수그러들었고 말야.

무서워할 필요 없어요.
샬럿, 당신은 어두운
시기를 지나고 있을
뿐이에요. 날 믿어요.
괜찮아질 테니까!

비타민이나 무기질이 결핍되어 그러는 건 아닐까 싶어서
영양사를 만나 검사를 받아 보기도 했어. 그가 가르쳐
준 대로 영양 불균형을 해결할 보충제를 먹기 시작했지.
식단도 무지무지 건강하고 영양 만점인 음식들로 채워 넣었어.

현미

기름기 많은 생선

과일

채소

좋은 지방

이런 식으로 말이야. 식단을 최대한 건강하게 꾸리는 건,
정신건강에 상당히 좋은 영향을 미치더라고!

운동도 회복을 향한 여정에서 큰 부분을 차지했어. 나는 하루도 빼먹지 않고 런던의 길거리들을 한 시간 반씩 파워워킹으로 걸었어. 엔도르핀을 얻는 데 큰 도움이 되었지.

몇 달 전만 해도 나는 겁먹고 지저분한, 엉망진창인 상태에다 침대 밖으로 나서는 것조차 무리인 사람이었어. 하지만 이제 매일 긴 산책을 즐길 수 있게 됐잖아? 누군가에겐 별것 아닐 수 있겠지만, 이 작은 성공들은 내가 올바른 방향으로 가고 있다는 증거야. 지금부터 내가 점점 나아지고 있다는 걸 기억하기 위해 소소한 성취를 하나하나 기록해 둬야겠어.

또 한 가지, 나는 아침마다 긍정적인 생각을 하나씩 떠올리기로 했어.
밝고 희망찬 생각을 하게끔 뇌를 훈련하는 일이야.
진짜 솔직하게 말하자면, 사실 그건 그때 내게는 불가능에
가까운 일이었거든? 하지만 나는 억지로 과제를 해냈고
페이스북에 그날의 긍정적인 생각을 올렸어.
얼마 지나지 않아 친구들은 내가 올리는 '오늘의 생각'을
기다리기 시작했고, 나는 나 자신뿐 아니라 친구들을 위해서도
착실하게 긍정적인 생각을 해 나갔어. 곧 '오늘의 생각'은
♡폭발적인 인기♡를 얻기 시작했고, 친구들은 내 생각들을 모아
책을 내는 게 어떻겠냐고 하더라고. 놀랍지?!

물론 정말 마음에 드는 생각이었지만, 그때 내 상태는 썩 좋지 않았어. 책을 낼 수 있겠다는 자신감도 없었고… 그래서 처음엔 정중하게 사양했지.

그렇게 2년이 훌쩍 지나갔어. 일주일에 한 번 침술 치료를
받고, 비타민 보충제를 먹고, 건강한 식사를 하고, 매일 운동을 하고,
긍정적인 생각을 한 덕분에 나는 우울과 불안을 완전히 극복했어.
'두 걸음 전진, 한 걸음 후퇴'를 반복한 결과, 내가 얻은 거였지.
하루 이틀 괜찮은 날들이 일상 속에 생겨나더니, 커다랗게 느껴졌던
우울감과 불안감이 차차 수그러들기 시작했어.
그러나 불행하게도 이인증과 꿈같은 기묘한 감각은
그대로 남아 있었어. 완전히 회복하는 환자들도 많지만,
증상이 남는 사람들도 있다는 말을 들은 적이 있는데,
내가 그런 경우였나 봐! 너무나 절망스러웠지만
내가 할 수 있는 일은 없었어.

시간이 흐르면서 나는 그 증상들을 안고 살아가는 법을
배웠어.

'좋은' 느낌은 몇 주 동안 이어졌어. 그러다가 갑자기 경고도 없이 새로운 난관이 출몰했지.
우울과 불안을 극복하자마자 이번엔 내 몸에 문제가 생겨버린 거야!

오! 주여,
제발요!
또 뭔가 잘못됐나요?

그때 나는 법률 회사에서 비서로 일하고 있었는데,
키보드를 너무 많이 쓰다 보니 '반복사용 긴장성 손상증후군'이라는
병이 생겼다고 하더라고. 신경계에까지 영향을 미치는 병이라
나는 계속 고통을 느꼈어. 어찌할 바를 모르겠더라.
의사도 예후가 좋지 않다고 했어.

신경이 회복되려면 오랜 시간이 걸릴
거예요. 장기간 컴퓨터 사용을
자제하고 일을
쉬어야 해요.

그렇게 나는 갑작스럽게 병가를 내게 되었어.
매일 각 분야 다양한 전문가를 만나면서
몸의 회복을 돕기 위해 물리 치료를 받기 시작했지.

하지만 이 시기가 꼭 나빴던 것만은 아니야.
이때 우연처럼 조니 루커스라는 사랑스러운 남자를 만났거든.
부스스한 머리에 아름답고 따스한 마음을 가진,
재능 있는 뮤지션이었지. 우리는 단숨에 서로에게 빠졌어.

소울메이트

조니는 잠시라도 고통을 잊기 위해
같이 노래를 쓰는 게 어떻겠냐고
멋진 제안을 해왔어.
조니가 작곡을, 내가 작사를 맡았지.
정말 재미있었어! 그 덕분에 다시 찾아
오려는 우울을 막을 수 있었던 것 같아.

그게 전부가 아니야. 조니의 사랑은 병든 내 몸과 영혼을 치유하는 연고 같았어. 시간이 흐르면서 나는 차츰 나아졌지. 그 시점에 나는 내 신경통이 재발할까 봐 복직을 겁내고 있었어. '그럼 컴퓨터 작업을 하지 않아도 되는 직업을 찾아보면 어떨까?' 생각했지. 그때도 매일 그날의 긍정적인 생각을 페이스북에 올리고 있었는데, 친구들이 <u>다시</u> 한번 책을 내달라고 조르기 시작했어.

이번엔 친구들의 말에 넘어가기로 했어. 그래, 직접 손으로 책을 쓰면 되잖아?

정말 어마어마하게 떨렸어. 그래도 조니가 아낌없이 응원해 준 덕분에 나는 회사를 그만두고, 작가라는 미지의 세계로 발걸음을 뗄 수 있었지. 모아둔 돈은 석 달 치 생활비뿐이었어.

하지만 내 안의 작은 목소리가 어떻게든 잘 풀릴 거라고 속삭였지!

무서운 결정인 건 맞아. 그렇지만 무척 기대되고 설레는 결정 이기도 해!

내 애인 멋지다!

나는 매일 식탁에 앉아 손으로 책을 써나갔어.
페이지마다 캐릭터를 하나씩 그려 넣고 날 대신해 긍정적인
생각을 말하게 했어. 아래 그림들처럼 말이야.

물론 이런 친구들도 있었지.

버티

남의 꿈을 따른다면, 네 마음이
진짜 원하는 것을 이룰 수도,
진정한 삶을 꾸려나갈 수도
없어.

똑똑한 고양이

남들보다 잘난 사람이
되려고 하지 말고,
가장 너다운 사람이
되려고 해 봐.

그중 가장 현명한 캐릭터는 맨발의 도사님이었어.
가끔은 그가 내 펜 끝에서 살아나 자기 지혜를
직접 전수해 주고 있다는 착각이 들 정도였지!

샬럿, 꼭 추구해야
하는 '정상' 같은 건
없다는 사실을
깨닫는다면 삶은
놀랍게도 무척
쉬워질 거야.

그것 참
근사한
생각이네요!
그렇게
생각해 본
적은
없었는데…

글을 쓰고 그림을 그리며 보내는 날들이 차곡차곡 쌓여가자,
다른 캐릭터들도 생명을 얻은 것처럼 내게
지혜를 전해 주기 시작했어.

정말이지 마법같은 경험이었어. 나는 내가 만들어낸
캐릭터들의 세상에 푹 빠져들었어.
날 지켜주는 사랑스러운 동료들과 안내자들이
잔뜩 생긴 기분이었지.

책 제목은 아직 정하지 못한 상태였는데, 갑자기 귓가에 "열려라, 참깨!" 같은 소리가 들려왔어.

"《생각들이 당신과 함께하길 May the Thoughts By with you＊》이 좋겠는데." 와, 그야말로 완벽한 제목 같지 않아?

하지만 당시 이 책을 출판하겠다는 출판사는 하나도 없었어.

실망하고 있는 그때, 진실만을 말하는 전문가가 나타나 조언을 건네주더라고.

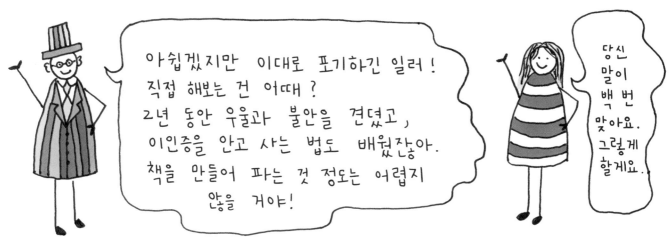

아쉽겠지만 이대로 포기하긴 일러!
직접 해보는 건 어때?
2년 동안 우울과 불안을 견뎠고,
이인증을 안고 사는 법도 배웠잖아.
책을 만들어 파는 것 정도는 어렵지
않을 거야!

당신 말이 백 번 맞아요. 그렇게 할게요.

＊영화 〈스타워즈〉 시리즈에서 행운을 비는 인사인 "포스가 당신과 함께하길 (May the Force Be with You)"의 패러디

다음날 나는 저축한 돈을 털어 ≪생각들이 당신과 함께하길≫을
몇 부 인쇄했어. 그다음 배낭에 책을 가득 담아서 메고
런던 곳곳의 독립 서점들을 찾아가 책을 팔아 달라고 부탁했지.

처음으로 내 책을 팔아 주기로 한 곳은
영화 〈노팅 힐 Notting Hill〉에 나온 유명한 서점이었어.

그렇게 몇 주 지나자 제법 많은 서점에서 내 책을 볼 수 있게 됐어. 반응이 뜨거웠지!
커다란 캐리어에 책을 실어 날라야 할 정도로 책은 빠르게 동났어. 친절한 애인 조니가 온라인 가게를 열어 주었고 나는 아직 컴퓨터를 사용할 수 없었기에 스마트폰으로 온라인 서점을 관리했지.

주문이 폭주하고 있어요!

와! 샬럿! 빨리 우체국에 가야겠어!

조니, 대박이야! 도사님, 이게 현실일까요?

신이 나는구먼! 어서 서둘러!

인생이 멋지게 풀리고 있었어. 그러던 어느 날, 내가 아주 아끼는 친구 베티가 멋진 아이디어를 냈어.

샬럿! 서점에서도, 온라인에서도 네 책이 잘 팔리고 있잖아? 노팅 힐 포르토벨로 로드 마켓에 가판대를 내고, 거기서도 팔아 보면 어때?

지역 예술가

어서 오세요! 긍정적인 생각을 받아 가세요!

그러자 정말 제대로 시동이 걸렸어! 책을 사 간 손님이
한 시간 뒤 돌아와서 아는 사람 모두에게 선물하고
싶다며 책을 더 사 가곤 했지.
작은 캐릭터들과 건강한 생각들이 모두의 마음을 사로잡은 거야.
순식간에 수천 부가 팔려 나갔어.
사람들은 페이스북에서 < 생각들이 당신과 함께하길 > 페이지를
구독하기 시작했고, 곧 온 세상 사람들이 내 가판대를
찾아와 사인된 책을 사 가기 시작했어.

한국
스페인
프랑스
중국
홍콩

세상에나
줄 선
것
좀 봐!

인기 배우, 유명 가수, 국회의원이 내 가판대 소문을 듣고
방문하기도 했어. 믿을 수 없는 일이었지!
하루는 왕이 찾아와서 기절할 뻔했지 뭐야.
보디가드들에게 둘러싸여 내 가판대로 행차하는 왕의
모습은 꼭 영화 속 한 장면 같았어!

책에 사인해 주시겠습니까?
'말레이시아 왕에게'라고요.

뭐? 왕이 내 책을 사고 싶어 한다고?
오, 춤이 절로 나오는 것 같아!

정말 어마어마한 날들이었어.

어둡고 슬프고 외로웠던 시기에 탄생한 내 작은 책이

이렇게 많은 사람에게 인정받을 수 있다는 게,

즐거움을 주고 있다는 게 도무지 믿기지 않았거든.

고통스러운 나에게 웬디가 해줬던 말이 정말 맞았어.

내 고통과 경험이 사람들에게 도움을 주고

있었던 거야.

나는 책을 써줘서 고맙다는 이메일을 여러 통 받았어.
그중에 유독 기억나는 메일이 하나 있어. 자살 충동이
들 정도로 심한 우울증에 시달리던 사람이 보낸 건데,

내 책을 읽고 나처럼
나아질 수 있겠다는 희망이 들었다는 거야.

나는 그 메일을 읽고 감동의 눈물을 흘렸어!
감격에 푹 빠져 있던 그 찰나, 그야말로 기막힌 일이
일어났어. 한 출판사에서 내 책 이야기를 들었다며,
판권 수출을 제안해 온 거야!

내 책으로 계약을 하다니, 너무 신이 나더라고. 지금껏 고생한 것에
멋진 대가를 받는 일이기도 했고, 내 책이 더 많은 사람에게 다가가
도움을 줄 수 있다는 뜻이기도 했으니까. ≪생각들이 당신과 함께하길≫이
전 세계에 출간되자, TV와 라디오로부터 우울증과 관련된 이야기를
해달라는 출연 요청도 들어왔어.

심지어 전국에 발행되는 신문사에서는 내게 칼럼을 연재해
달라고 부탁하기도 했어. 인생이 술술 풀리고 있었어.
내 책은 다른 나라 말들로 번역되었고,
조니와 나는 새 집으로 이사했어.

사랑의
둥지

하지만 인생이란 늘 한 치 앞도 예측하기
어렵고… 눈 깜짝할 사이에 뒤집어질 수 있는
거잖아? 슬프게도 내 인생 역시 그랬어.

참 묘하게도, 조니와 함께 새 집으로 이사하자마자
내 상태는 아주 이상해졌어. 몸이 간지럽고,
기침과 재채기가 나고, 숨쉬기조차 힘들었지.
게다가 머리, 콧속, 배, 귀가 아팠어!
입 안에서는 계속 기분 나쁜 금속 맛이 났고 말이야.

아니, 샬럿!
대체 무슨
일이 일어나고
있는 거니?

행복한
히피닝, 저도
모르겠어요!
몸이 너무
아파요!

티슈   항히스
      타민제   아스
             피린   기침약

알아봤더니, 새로 지은 집 공기 중에는 독성을 가진 검은 곰팡이가 있을 수 있다고 하더라고. 또 그 곰팡이는 어떤 사람들에겐 큰 병을 일으킬 수 있다는 거야. 나는 새 집에서 살 수 없을 정도로 건강이 무척 안 좋아졌어.

!! 살인 곰팡이 !!

뭐라고?
곰팡이가
그렇게
해로울 수
있다니,
전혀 몰랐어!

＊주의:
곰팡이는 새집증후군의 주요 원인입니다.

내게 벌어진 현실을 도무지 믿을 수가 없었어. 조니도 마찬가지였고.

누가 봐도 <u>어이없는</u> 상황이었지. 나는 당장 집에서 나가야만 했고,

내 물건들도 전부 집에서 빼야 했어. 곰팡이 전문가는 집에 뒀던

물건들 역시 곰팡이 포자에 뒤덮였기 때문에

그대로 가져갔다간 내 몸이 또 반응을 일으킬 거랬어.

다음 날 나는 청소 업체를 불러 내 물건을 전부 트럭에 실어

가달라고 했어. 내 <u>인생 전체가</u> 눈앞에서 사라지는 걸 보며

눈물을 주룩주룩 흘렸지.

기분은 완전 바닥이었어.

게다가 조니가 몇 년에 걸쳐 마련한 악기들을

새로 사려면 수만 달러는 깨질 게 뻔했거든.

조니에게 그 물건들마저 다 버리라고 할 수는 없었어.

상황이 해결되지 않아 우리 둘 다 엄청나게 스트레스를

받았고 그 감정은 자연스레 다툼으로 이어졌어.

정신을 차려 보니 우리는 쉴 없이 싸우고 있더라고.

결국은 헤어지는 것 말고는 방법이 없었지. 이별은 비극이었어.

우리 둘 다 여전히 서로를 사랑하고 있었으니까. 하지만

다른 대안은 없었어. 조니는 미국으로 가서 자신의 음악으로

새로운 도전을 해보기로 했고, 나는 결국 다시 노팅 힐에 있는

오빠네 집으로 돌아갔어.

조니가 떠나고 나는 바닥에 주저앉아 훌쩍였어.
솔직히 털어놓자면 족히 반년은 운 것 같아.
삶이 나에게 왜 이렇게까지 잔인한 건지 이해할 수 없었지.

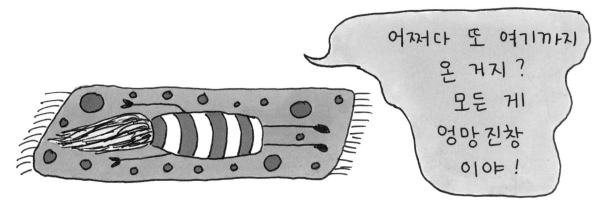

얼마 지나지 않아 우울과 불안이 흉측한 얼굴을 다시
들이밀었어. 놀랍지도 않았어. 게다가 내장을 쥐어짜는
슬픔과 극도의 공황도 함께 찾아왔지. 그것도 거의
처음만큼이나 심하게!

그리고 조니는 미국에 체류한 지 <u>한 달 만에</u>
그곳에서 아주 좋은 제안을 받았어.

와아아 !!!
내가 드디어
해냈어 ! 그것도
미국에서 !

그 소식을 듣고 나는 좌절했어. 그건 조니가 이제 평생 미국에서 살 거라는 뜻이었으니까. 하지만 그 순간, 맨발의 도사님이 나에게 찾아와 지혜를 나눠 주었지.

네가 슬픈 이유를 잘 알아.
하지만 곰팡이 사건에서 넌
광장히 많은 걸 배웠잖아?
첫째로 물건에 얽매이지 말아야
한다는 걸 배웠고, 둘째로 이제는
진정한 사랑이 무엇인지 배우고 있지.
조니를 정말로 사랑한다면 너게 가장
좋은 게 아니라, 그에게 가장 좋은
걸 바라는 게 맞지 않을까?
조니를 놓아줘. 그가 자기 운명을 자유롭게
개척하도록 말이야.

받아들이기 어려운 말이었어. 하지만 마음속 깊은 곳에서는 도사님 말이 옳다는 걸 알고 있었지. 나는 가까스로 마음을 추스르고, 최선을 다해 일상을 살아냈어. <생각들이 당신과 함께하길> 페이스북 페이지를 통해 내게 어떤 일이 일어났는지 알게 된 손님들이 찾아와 조언을 건네기도 하고, 응원해 주기도 했어. 몇 주 동안 수없이 많은 사람이 나를 찾아왔어. 난 그들의 다정함에 무척 감동받았지.

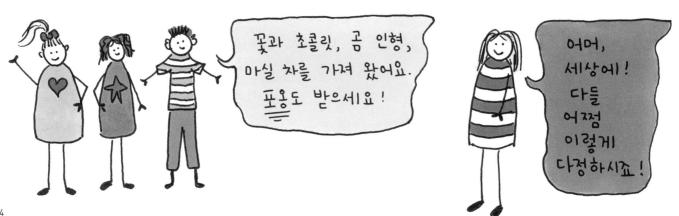

나는 처음 우울감이 닥쳤을 때 익힌 방법들을 떠올리며
하나씩 차분하게 다시 실행했어.
비록 몇 달의 시간이 걸리긴 했지만 기분은 차츰 나아졌지.
그 시간 동안 나는

누군가를 진정으로 사랑하는 방법을 배웠어.

조니가 다른 곳에서 기쁘고 즐거운 날들을 보내고 있다는
사실에 나는 진심으로 행복을 느꼈거든.

물론 늘 곁에 있어 준 조니의 빈자리가 컸지만,
진실만을 말하는 전문가가 멋진 해법을 내놓았어!

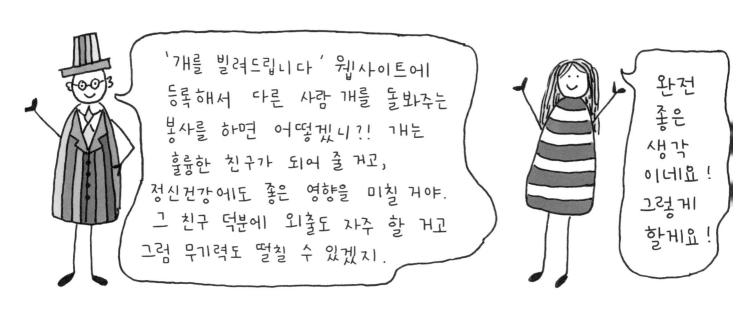

'개를 빌려드립니다' 웹사이트에
등록해서 다른 사람 개를 돌봐주는
봉사를 하면 어떻겠니?! 개는
훌륭한 친구가 되어 줄 거고,
정신건강에도 좋은 영향을 미칠 거야.
그 친구 덕분에 외출도 자주 할 거고
그럼 무기력도 떨칠 수 있겠지.

완전
좋은
생각
이네요!
그렇게
할게요!

그야말로 완벽한 해법이었어. 나는 바로 함께 시간을 보낼 강아지 친구를 찾아보기로 했어! 어렸을 때 허리가 길고 다리가 짧은 '소시지' 강아지를 좋아했기 때문에, 그런 강아지를 만나게 해달라고 기도했어.

우주에게
기도* 합니다.
노팅 힐에서 반경
1마일 거리에
저와 친구가 되어 줄
장모 닥스훈트 한 마리만
보내주세요.
재미있고 애정 넘치는
아이면 더 좋겠어요.

* 가능한 한
아주 구체
적으로 했음.

웹사이트에 접속하자마자 기도가 통했다는 걸 알 수 있었어.
바로 첫 페이지에 검은색과 갈색이 섞인,
아주 예쁜 장모 닥스훈트가 있지 뭐야. 이름은 `버티`였어.
나는 노팅 힐의 한 펍에서 버티와 주인을 만나기로 했어.
버티가 타박타박 문으로 걸어 들어오는 순간,
내 짝을 찾았다는 예감이 들었어!

이럴 수가!
너처럼 귀여운
강아지는
처음
봐!

내가 잔뜩
뽀뽀하고
핥아줄게요!

버티의 주인이 출근한 동안 나는 일주일에 두세 번씩
버티를 돌보곤 했어. 물론 우리의 인연은 지금까지도
계속되고 있지. 버티는 나와 함께 마켓에 나가서,
온종일 내 가판대 아래에 누워 쉬는 걸 즐기는 편이야.

이렇게 사랑스럽고 애정 넘치는 생명체와 시간을 보내면서
나는 다시 한번 기쁨을 느끼게 되었어.
지난 몇 년 동안 버티와 함께한 덕분에, 지금 나는 아주
오랜만에 최고의 행복을 느끼고 있다고 말해도 될 것 같아.

이게 지금까지의 내 이야기야.
조니는 지금도 미국에 머물면서 자신의 음악으로
좋은 성과를 거두고 있어.
나는 여전히 내가 만든 책을
노팅 힐 포르토벨로 마켓에서 팔고 있고.

말도 많고 탈도 많은, 엄청난 여정이었지.

혹시 힘든 시기를 겪고 있다면 내 이야기를 듣고
희망을 가졌으면 좋겠어.
밑바닥으로 한없이 추락하고 있을 때,
어려움을 극복한 사람들 이야기가
내겐 무척 큰 위안이 됐거든.
닥친 역경을 극복했다는 이야기를 그저 듣는 것만으로도
나 역시 이겨낼 수 있을 거란 믿음이 마음속에서 생겨났어.
그리고 나도 어떻게 하는 게 좋겠구나,
여러 방법이 떠올랐지.

내 이야기도 너에게 그런 이야기가 되었으면 좋겠어.

분명 너에게 꼭 맞는 행복의 길을 찾을 수 있을 거야.

그렇게 믿을 수 있도록 너에게 용기를 주고 싶어.

이런 기나긴 여정을 겪고 나서 배운 게 하나 있어.

힘든 경험들은 우리를 반드시 성장시킨다는 거야.

그래서 우리를 가능한 데까지 나아가는 존재로 만들어 주지.

예를 들어, 2년 동안 우울과 불안을 겪지 않았더라면
내겐 《생각들이 당신과 함께하길》에 담을 이야깃거리가
없었을 거야. 고통스러운 반복사용 긴장성 손상증후군이 생기지
않았더라면 퇴사하고 작가가 되겠다는 일을 꿈꿀 수 없었겠지.
조니와 내가 곰팡이 사건을 겪지 않았더라면
조니는 미국에 간다는 꿈을 이루지 못했을 거고.
마지막으로, 내가 오늘날까지 이인증을 안고 살지 않았더라면,

내가 바꿀 수 없는 것을 받아들이며
행복하게 살아갈 방법은 영영 몰랐을 거야.

내가 하고픈 말은,

힘겨운 경험들이 때로는 우리를 더 나은 삶으로 이끈다는 거야.

시련은 우리가 더 강하고 지혜로운 사람,

배려할 줄 아는 사람이 될 기회를 주지.

한마디로, 우리는 어떤 일에서도 배울 수 있어.

배우겠다고 마음만 먹는다면 말이야.

내 인생 이야기가 재미있었기를, 소소하게나마 도움이 되었기를 바라

정신건강에 관해 조금이라도 이해하게 되었으면 좋겠고.

정신건강 문제로 고통받고 있다면,

그 고통을 안고서도 알찬 삶을 사는 방법을 찾길 바랄게.

내가 그랬던 것처럼 말이야.

자, 일단은 작별인사를 할게!
어쩌면 가판대에서 다시 만날지도 모르겠지만.

사랑을 담아,
샬럿과 버티 그리고 샬럿의 모든 캐릭터

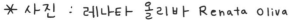
✳ 사진 : 레나타 올리바 Renata Oliva

♡ 감사의 말 ♡

소중한 사람을 전부 언급하고 싶지만, 그러면 이 책은 두 배 정도 두꺼워지겠지? 무엇보다도 내게 가장 멋진 부모인 우리 엄마아빠에게는 특별히 감사의 말을 드리고 싶어. 엄마, 아빠, 사랑과 즐거움이 가득했던, 도움이 필요할 땐 언제나 기댈 곳이 있었던 멋진 유년기를 주셔서 감사해요! 두 분의 한결같은 사랑이 제게 튼튼한 버팀목이 되어 주었기에 저는 세상으로 나아가 꿈을 실현할 용기를 얻었어요. 주말에는 쉬고 싶어 하는 저를 위해, 대신 가판대를 맡아 주는 것도 너무 고마워요.

커이트 언니와 리처드 오빠에게도 진심으로 고맙단 말을 전하고 싶어. 내 인생 최악의 시기를 빠져나올 수 있게 응원해 줘서 고마워. 둘이 없었다면 나는 지금의 내가 되지 못했을 거야. 두 사람에게 이 책을 바치고 싶어!

86

도움이 될 만한 웹사이트들

♥ www. acupuncture.org.uk

♥ www. brainbiocentre.com

♥ www. mind.org.uk

♥ www. samaritans.org

♥ www. survivingmold.com

♥ www. dpselfhelp.com
(이인증 환자들을 위한 온라인 포럼)

＊사우스 런던 캠버웰 Camberwell 에 있는 모즐리 병원 Maudsley Hospital 의
이인증 서비스에도 도움을 청할 수 있다.

행복으로 가고 있어

1판 1쇄 인쇄 2020년 9월 18일
1판 1쇄 발행 2020년 10월 6일

지은이 샬럿 리드   **옮긴이** 박다솜   **손글씨** 안다연

발행인 양원석 **편집장** 박나미 **책임편집** 이정미
디자인 이은혜 **영업마케팅** 조아라, 신예은, 정다은

펴낸 곳 ㈜알에이치코리아
주소 서울시 금천구 가산디지털2로 53, 20층 (가산동, 한라시그마밸리)
편집문의 02-6443-8827   **도서문의** 02-6443-8800
홈페이지 http://rhk.co.kr
등록 2004년 1월 15일 제2-3726호

ISBN 978-89-255-9885-7 (03180)